AF382192

APRENDE A DISEÑAR TU ESTRATEGIA DE MÁRQUETIN DIGITAL

Las claves para una comunicación eficaz

Por Magalie Damel
Traducido por Laura Soler Pinson

ENVÍO DE CORREO MASIVO Y BOLETINES INFORMATIVOS

- **¿Problemática?** ¿Cómo diseño un envío de correo masivo y un boletín informativo eficaces?
- **¿Utilidad?** Para una empresa, el envío masivo y el boletín informativo son herramientas de márquetin directo imprescindibles. Para llevar a cabo estas dos acciones de publicidad directa utilizamos el correo electrónico, con el que enviamos mensajes de forma masiva a un público definido.
- **¿Contexto profesional?** Desarrollo digital, comunicación comercial, campaña de márquetin con el objetivo de comercializar y/o de fidelizar.
- **¿Preguntas frecuentes?**
  - ¿Cuál es el impacto de las redes sociales, de los envíos masivos y de los boletines informativos?
  - ¿Qué es un test A/B?

- ¿Con qué frecuencia debo programar un envío masivo y un boletín informativo?
- ¿Puedo aunar el envío masivo y el boletín informativo en un único correo electrónico?
- ¿Cómo incito a que se suscriban a un boletín informativo?
- ¿Para qué crear boletines informativos temáticos?
- ¿Qué día y a qué hora debo enviar mi publicidad directa?
- ¿Qué palabras debo prohibir para evitar acabar como correo no deseado?
- ¿Cómo funciona un filtro contra el correo no deseado?

No importa si estás realizando estudios de márquetin o de comunicación, si has creado tu empresa, si eres encargado de comunicación o responsable de ventas: resulta fundamental que domines la puesta en marcha de dispositivos tan básicos como las campañas de correo masivo y el envío de boletines informativos. Estos dos pesos pesados del márquetin digital siguen siendo los reyes, por mucho que esto no guste a quienes toman como modelo las redes sociales. Debe primar la noción de complementariedad entre estos diferentes canales para activar nuestras ventas, para construir o mantener nuestra reputación y para que nuestro negocio prospere.

Así, las marcas siempre emplean con fervor el envío de correo masivo y el boletín informativo para vender y para informar. Estas dos soluciones, llamativas, baratas y eficaces, ofrecen la ventaja de generar resultados rápidos. Pero requieren unas habilidades avanzadas.

En efecto, diseñar una campaña de envío de correo masivo o un boletín informativo implica ser capaz de determinar cuál de estas dos soluciones se adapta mejor para alcanzar el objetivo de la empresa. A continuación, se trata de ser capaz de crear contenidos contundentes y eficaces y de poner en marcha una solución fiable para entregarlos por correo electrónico a un público meta determinado. Una acción pertinente tendrá un efecto observable en tus estadísticas. De esta manera, descubrirás que tus esfuerzos se verán recompensados: según tu objetivo, las ventas o la reputación de la empresa despegarán rápidamente.

EL ABECÉ DEL PERFECTO DISEÑADOR DE CORREOS MASIVOS Y DE BOLETINES INFORMATIVOS

En el mundo del márquetin web, el envío de correo masivo, también llamado correo comercial o márquetin por correo electrónico, y la *newsletter* o boletín informativo permiten que una empresa se exprese ante un público determinado. Es posible que clientes, socios, clientes potenciales, prescriptores, periodistas y público general lean alguna de estas publicaciones que llegan a su buzón.

No obstante, solo se parecen en esto. El envío de correo masivo y el boletín informativo no tienen el mismo objetivo, no van dirigidos al mismo público meta y no tienen el mismo formato. Sin embargo, pueden funcionar de forma complementaria y seguir el manual de identidad visual de la empresa.

RESPONDER A UN OBJETIVO DE MÁRQUETIN PRECISO

Tal y como indica su propio nombre, el correo comercial garantiza la publicidad y la venta de un producto, de un servicio o de un acontecimiento a un público meta definido. Ofrece la oportunidad de comunicar masivamente acerca de una única oferta comercial. Se dirige a un momento clave de la estrategia de márquetin, como por ejemplo las rebajas, por lo que debe despertar la aprobación y el acto de compra.

El boletín informativo persigue un objetivo que tiende más a la información. Transmite novedades a un público de abonados que da su autorización para recibirlo de forma regular. A través de distintas secciones, cuenta la actualidad de la marca, la venta de nuevos productos o los momentos clave del sector de actividad. Se parece a una pequeña revista o a un boletín de noticias de última hora.

Por lo tanto, antes de diseñar un envío de correo masivo o un boletín informativo, **la primera**

etapa por la que debes pasar es la de conocer la base de tu estrategia de márquetin:

1. ¿Qué objetivo persigue la empresa al poner en marcha esta campaña de márquetin digital?

   ◦ Vender
   ◦ Informar

2. A cambio, ¿qué acción espera la empresa por parte del destinatario?

   ◦ Compra
   ◦ Solicitud de presupuesto
   ◦ Suscripción
   ◦ Visita de la página web y, por lo tanto, aumento del tráfico

DESINTOXICACIÓN DIGITAL

Varios estudios llevados a cabo en grandes empresas internacionales muestran que los empleados se ven desbordados por los correos electrónicos. De media, un empleado recibe entre 50 y 120 al día. Actualmente, algunas campañas, como *Mail on Holiday* o *Friday Mail* tienen por objetivo la reducción del número de correos electrónicos enviados. En líneas más generales, se habla del fenómeno de desintoxicación digital, que para un individuo supone la ausencia de conexión a internet durante varias semanas para que su cerebro pueda descansar.

Así, en este contexto, conviene pensar con antelación acerca de la pertinencia de tu correo comercial o de tu boletín informativo.

La segunda etapa consiste en determinar a qué público diriges la campaña de márquetin. El público meta está compuesto por una población que potencialmente mostrará interés por el producto o por el servicio. Agrupa a un conjunto de compradores que la empresa busca seducir o fidelizar.

Definir un mercado meta evita que difundas a un público demasiado amplio un mensaje que no revestirá ningún interés para ciertas personas. Esto te ayudará a ahorrar tiempo y dinero, y a cuidar tu reputación.

Para concretar esta noción de público meta, es fundamental que gestiones con cuidado la base de correos electrónicos de la que dispones. Los anglosajones tienen la costumbre de decir *Money is in the list!* («el dinero está en la lista») y, efectivamente, tu base de datos de contactos encierra el potencial de una auténtica mina de oro si la explotas de forma adecuada.

- Haz limpieza entre tus tarjetas de visita, facturas, notas de prensa y folletos.
- Pide a tus clientes que rellenen una encuesta o un cuestionario, proponles que obtengan una tarjeta de fidelidad y, de esta forma, conseguirás su correo electrónico.
- Recopila correos electrónicos desde la página web de la empresa a través de un formulario de contacto. Si envías un boletín informativo, este formulario de suscripción es obligatorio.
- Se venden bases de datos de correos electrónicos para ayudarte a llevar a cabo campañas de envío de correo masivo a un público determinado.
- Actualízala a intervalos regulares.

Una vez que tu base de datos de correos electrónicos está completa, organiza las direcciones en distintos públicos meta o destinatarios; es lo que se llama la segmentación.

- Establece una diferencia entre los clientes y los clientes potenciales y prescriptores, con los que no mantienes el mismo tipo de relación: el cliente compra, el cliente potencial debe convencerse de que va a comprar y el prescriptor te recomienda.
- A continuación, en función de las actividades y de los productos de la empresa, solo te falta por fijar los criterios más apropiados para crear grupos y subgrupos según la edad, el sexo, la categoría socioprofesional, el sector de actividad, el sector geográfico, el historial de compras, etc.

EL FINAL DEL *BATCH AND BLAST EMAIL MARKETING*

Se trata de una técnica ancestral. Este método consiste en enviar el mismo correo comercial a todos los destinatarios. No se lleva a cabo ninguna segmentación ni tampoco se personaliza el contenido. Este tipo de envíos tiene todas las papeletas para acabar siendo eliminado.

Hoy en día, en la época del *big data* (macrodatos), las empresas recopilan los datos de sus usuarios. A todas les interesa poner en marcha campañas de márquetin y/o de comunicación que se adapten a su público meta. Esto estimula los intercambios y ofrece la posibilidad de evolucionar poco a poco hacia una nueva era digital, el *smart data* (datos inteligentes), que permite crear un vínculo único con cada comprador gracias a los datos recogidos.

La tercera etapa es la de elegir herramientas de creación y de envío de tus correos masivos y de tus boletines informativos. A continuación, presentamos los cinco errores clásicos que debes evitar:

1. utilizar tu correo electrónico personal. No se adapta al envío masivo de mensajes. Puede ocurrir que estos últimos sean considerados correo no deseado;
2. lanzarte en el diseño de un correo masivo o de un boletín informativo de principio a fin.

Solo se puede considerar esta opción cuando poseas conocimientos sólidos de diseño gráfico y de programación;

3. redactar para cada envío mensajes idénticos;
4. subestimar la importancia de las estadísticas;
5. minimizar el impacto de la lectura en dispositivo móvil, ya sea teléfono o tableta.

Actualmente, muchas páginas web proponen soluciones completas, como Mailchimp, Sarbacane, Sendinblue, Mailjet, CakeMail, TargetHero o Aweber. Permiten gestionar toda tu campaña de márquetin:

- alojamiento de la base de datos de correos electrónicos;
- puesta a disposición de varias plantillas o *templates* que se adaptan a la lectura en pantallas de distintos tamaños (se habla entonces de *responsive design* o diseño adaptable);
- diseño facilitado de tu correo comercial o del boletín informativo;
- envío de la campaña a través de un enrutador profesional, lo que evita que sea considerada correo no deseado;
- gestión de las estadísticas relacionadas con el

envío.

El uso de estas páginas web es gratuito siempre y cuando no se sobrepase un cierto número de envíos al mes. Por norma general, si necesitas más, estos sitios ofrecen modalidades de pago.

Si estás apegado a la opción «artesanal», conviene que uses programas como Photoshop, InDesign o Illustrator para la maquetación.

Para acabar, si tienes una página web construida a partir de un CMS —*Content Management System*, como Wordpress o Drupal—, también puedes optar por insertar un *plug-in* o extensión adaptado a tu CMS. Te permitirá gestionar la elaboración y las estadísticas del boletín informativo directamente desde la trastienda de tu página web. Por ejemplo, Mailchimp no solo es una página en línea que propone elaborar boletines informativos y correos comerciales, sino que también existe como complemento que puedes instalar directamente en tu sitio Wordpress.

PLAN DE ACCIÓN

- Elige una frecuencia de envío para tu

boletín informativo y para tus correos masivos.

- Elabora una lista con las promociones que se encontrarán en la raíz de una campaña de envío de correo masivo para los próximos doce meses. Repite el paso para la información de tu boletín informativo. Anota lo que ya sabes, como tu asistencia a salones profesionales.
- Sobre esta base, establece un calendario editorial, muy útil para clasificar las ofertas y la información en función de su estacionalidad y para organizar su publicación.
- Cada seis meses, limpia tu base de datos de correos electrónicos. Quita las direcciones duplicadas y elimina las que no responden.

Con la mira puesta en el objetivo: apuesta por las ventajas del envío de correo masivo

El envío de correo masivo cuenta con ventajas demostrables que hacen que sea accesible para todo tipo de empresas. Se usa con mucha frecuencia en las microempresas y en las pymes. En Francia, según el informe anual de 2015 del Sindicato Nacional de la Comunicación Directa, el 49 % de los internautas afirman haber comprado un producto tras haber recibido y leído un correo comercial.

- Su ventaja más importante reside en el hecho de que ofrece una excelente relación calidad-precio. Actualmente, se trata del medio más barato del mercado. Es menos caro que una campaña de publicidad directa tradicional, ya que no necesita ni materias primas, ni especialistas (papel, diseñador gráfico, impresor, etc.). Según los cálculos, un euro invertido en un envío de correo masivo podría reportar de media entre 38 y 40 euros.
- A un internauta le lleva unas tres décimas de segundo analizar un contenido digital, pero su atención aumenta sensiblemente cuando recibe un correo comercial, ya que es consciente de que el mensaje enviado contiene una oferta especial. En Francia y en Bélgica, la tasa de apertura de una campaña de envío de correo masivo se sitúa entre el 20 y el 30 %, independientemente del sector de actividad.

- La puesta en marcha de una campaña de envío de correo masivo en sencilla. Solo necesitas una oferta comercial que promocionar, una identidad visual y una herramienta de ayuda para la creación y el envío de la campaña.
- Los resultados son rápidos y cuantificables. Por lo general, la reacción de los internautas meta tiene lugar entre 48 y 72 horas después del envío del mensaje.

Diseñar un correo comercial implica ser directo, ya que no tienes mucho espacio para expresarte. A continuación, presentamos diez ideas para ir directo al grano.

1. Expresa la ventaja para el consumidor con un porcentaje como «-50 %» para demostrar que se trata de una buena oferta.
2. La noción de tiempo resulta muy motivadora. Proponer la oferta para un periodo determinado e indicar una cantidad limitada o restante estimula la acción de compra.
3. El internauta debe entender el producto inmediatamente y comprender la ventaja que le procura. Presenta los dos sin ninguna ambigüedad, ya sea a través de una palabra,

de un eslogan o de una imagen.

4. Acostumbramos a decir que una imagen vale más que mil palabras. Aun así, ten cuidado con la velocidad a la que carga tu correo comercial. Basta con una o dos imágenes.

5. Contextualizar la ventaja del producto hace que destaque. Por ejemplo, si quieres vender un jersey de cachemira, recuerda al internauta que estamos en pleno invierno. Puede resultar oportuno aprovechar los acontecimientos nacionales relacionados con el afecto, como San Valentín, o los acontecimientos mundiales positivos, como un evento deportivo.

6. Si utilizas un modelo para la imagen, asegúrate de que mira hacia el producto, el eslogan o la cifra. De forma instintiva, el internauta tenderá a imitarlo.

7. Son fundamentales el ahorro y la precisión de las palabras. Utiliza eslóganes, frases nominales, verbos en modo imperativo.

8. Estudia la posibilidad de implementar una estrategia de márquetin de *cross selling* o venta cruzada: si tu correo electrónico propone en primer lugar un producto A, aprovecha para sugerir un producto B que complementa

hábilmente el producto A.

9. El correo comercial no se limita a una estrategia de precompra. Puede enviarse tras una adquisición en la tienda en línea de tu página web o en tu tienda. De esta manera, demuestra que la marca propone buenas ofertas a intervalos regulares.

10. Estimula la interactividad con una encuesta de satisfacción sobre tus productos. Las respuestas de los clientes son útiles para fidelizar a los consumidores. Estas cifras, que se notifican en porcentaje en un correo comercial posterior, se convierten en nuevas armas de seducción masiva.

PEQUEÑO PLUS

- Anunciar claramente la ventaja para quien lee tu correo comercial y redactar una oferta clara y accesible evitan que tu correo electrónico desaparezca entre la multitud de correos que se reciben a diario o que sea simplemente eliminado.
- Presta atención a la lectura en dispositivo móvil. En un 56 % de los casos, el correo electrónico se abrirá desde el *smartphone*.

Sin embargo, uno de cada dos internautas lo elimina cuando se da cuenta de que no pueden visualizarlo correctamente en la pantalla de su teléfono móvil. Por lo tanto, debes probar tu envío comercial en todas las pantallas y en varias mensajerías electrónicas antes de enviarlo.

El boletín informativo para destacar contenidos con un fuerte valor añadido

La creación de un boletín informativo es fundamental en muchos sectores de actividad: digital, márquetin, turismo, formación profesional, moda y belleza... Se desarrolla en el marco de una relación B2B (*Business to Business*) o en el marco de una relación más amplia, bautizada B2C (*Business to Consumer*).

- Según el Content Marketing Institute, en 2015, el boletín estimula la interacción con la página web de la empresa en el 80 % de los casos. Este aumento de tráfico influye positivamente en la indexación de esta en los motores de búsqueda.
- El boletín informativo es una posibilidad de

comunicación atractiva para las microempresas y las pymes. Estas estructuras no tienen el tiempo material ni los recursos humanos para gestionar un blog de marca o de empresa.

- El boletín informativo es una estupenda herramienta de comunicación interna para mantener el contacto con los empleados si, por ejemplo, la empresa está conformada por varias entidades geográficas o si debe coordinar muchos departamentos internos por su gran tamaño.
- El boletín informativo crea un vínculo privilegiado con sus destinatarios y contribuye a su fidelización.
- Resulta fácil de archivar, por lo que contribuye a la memoria colectiva de la empresa.

Redactar un boletín informativo implica que el cliente espera un alto nivel de calidad. A través del formulario de inscripción, da su autorización para recibir este documento. Por lo tanto, es normal que no quiera decepcionarse. Presentamos diez recomendaciones para convencerlo.

1. Destaca la noción de exclusividad. Indica a tus abonados con claridad que la selección

de datos que transmites a través del boletín informativo está dedicada a ellos porque mantienes con ellos un vínculo íntimo.

2. Recuerda al internauta que escoger este boletín informativo le permite ganar tiempo y le garantiza el acceso a información útil y/o confidencial.

3. Respeta el contrato de confianza que tenéis. No te aproveches de su consentimiento para recibir el boletín informativo y no envíes un rosario de correos comerciales.

4. El boletín informativo es el símbolo de la regularidad. Por lo tanto, escoge una frecuencia de envío (semanal y mensual, por ejemplo) y respétala. La frecuencia elegida te llevará a seleccionar la información que quieres destacar en el boletín informativo y evitará que lo recargues.

5. Parte del principio que este internauta ya conoce tu marca y algunos de tus productos.

6. Da valor a tus abonados. Son la base de tu comunidad virtual. Felicítalos, diles que son estupendos. Transmite una atmósfera de bienestar y de buen humor.

- Propón al internauta que conozca los entresijos de la empresa a través de reportajes o que descubra antes que todo el mundo las funcionalidades de una nueva aplicación descargable.
- Crea concursos, juegos, operaciones temporales y especiales para fomentar la interacción y para compartir una experiencia lúdica.
- En un boletín interno, presenta una hazaña deportiva que haya llevado a cabo un empleado o evoca su compromiso con una asociación.
- Presenta a un cliente o revela el resultado de un concurso en un boletín externo.
- Ofrece trucos, consejos, guías, cifras clave en relación con las tendencias y los usos de tu sector de actividad.
- Comparte tus flechazos, ilumina al internauta a través de enfoques sobre temáticas por las que muestras apego.

7. Estructura tus contenidos por temas o por secciones para facilitar la lectura. Si tu bole-

tín informativo es largo, apuesta por el *scroll telling* o el arte de contar una historia que los internautas descubren a medida que van desplazándose hacia abajo en sus pantallas. La historia empieza ya en la parte superior del boletín informativo y, a continuación, se presenta en las distintas secciones de información que aparecen e incita a que el internauta lea todo el contenido.

8. Presenta enlaces externos que supongan un fuerte valor añadido para completar la información. Esta técnica es muy útil para demostrar tu dominio o para indicar el surgimiento de una nueva tendencia.

9. Limítate a cuatro o cinco imágenes de seiscientos píxeles cada una, ya que corres el riesgo de recargar el boletín informativo y de empeorar el tiempo de carga. Por otra parte, el boletín informativo debe reflejar un equilibrio perfecto entre los textos presentes en los que domina lo fáctico, las imágenes atractivas y un diseño creativo.

10. No copies y pegues tu contenido redactado en un programa de procesador de textos para insertarlo en el boletín informativo: corres el riesgo de importar el formato específico del

programa y de crear caracteres ininteligibles. Opta por redactar el texto directamente en el boletín informativo.

¿Un vídeo o un GIF son una buena idea?

Si lo analizamos únicamente desde el punto de vista del márquetin, el vídeo o el GIF animado resultan interesantes, ya que lo que primero incita a que el internauta haga clic en el contenido de un boletín informativo es el aspecto visual.

Con respecto al vídeo, el problema es su peso. Para evitar el problema, un buen consejo es crear un enlace que remita al vídeo alojado en un soporte determinado.

La imagen animada, más ligera que el vídeo, trata en general sobre una fotografía o un elemento textual atractivo como, por ejemplo, la cifra de la oferta. Sin embargo, comprueba a conciencia que se puede visualizar en las mensajerías electrónicas y en las pantallas.

CONSTRUIR UN MENSAJE CLARO Y COMPLETO

Una comunicación oral o escrita de éxito se basa en el emisor. Este debe ser capaz de elaborar un mensaje completo, directo y claro dirigido al receptor para que este último asimile la información.

Cuando un receptor ha comprendido un mensaje, es capaz de actuar. Precisamente, el compromiso del internauta es el principal objetivo cuando se lleva a cabo una campaña de correo masivo o cuando se elabora un boletín informativo.

Las 5W

Las 5W son una regla mnemotécnica para no olvidar ningún elemento importante cuando redactas una comunicación. En inglés, las 5W representan: *who, what, why, when, where*; en español, sería quién, qué, por qué, cuándo, dónde.

- **¿Quién?** Se trata de informar en este punto acerca del emisor y del receptor.
  - Emisor: puede tratarse de la empresa (por ejemplo, Chanel), de una sección (por ejem-

plo, el departamento de cosmética), de un producto (por ejemplo, el pintalabios de primavera-verano) o de una persona.

  ◦ Receptor: el público meta que la empresa desea alcanzar con su servicio o su producto (por ejemplo, todas las mujeres de 35 a 50 años a las que les gusta Chanel, y/o los cosméticos y/o los pintalabios).

- **¿Qué?** ¿De qué se habla exactamente?
  ◦ Correo comercial: se describe el producto, sus características y la oferta.
  ◦ Boletín informativo: se destaca la temática o la información principal tratada en la sección estrella del boletín informativo.

- **¿Dónde?** Esta pregunta tiene que ver con el lugar donde se sitúa el producto o la acción: localización geográfica, comercio en línea.

- **¿Cuándo?** La respuesta define una duración, un periodo o indica una fecha.
  ◦ Correo comercial: la oferta está limitada en el tiempo.
  ◦ Boletín informativo: la acción está relacionada con una fecha pasada o futura.

- **¿Cómo?** Esta pregunta puede remitir a las condiciones de la oferta, a la forma o al método para fabricar o utilizar un producto, a los medios que se ofrecen para lograr una acción, a los procedimientos que se siguen, etc.

- **¿Por qué?** La respuesta es fundamental, ya que permite hablar de por qué es importante conocer la información o disfrutar de una oferta.
  - Correo comercial: la respuesta desvela la ventaja que el internauta obtiene por suscribirse a esta oferta.
  - Boletín informativo: se trata de expresar el interés de la información que se transmite, para la marca o para el público meta.

Una vez que has recopilado todas las respuestas, es esencial que establezcas una jerarquía para que en primer lugar aparezca lo que es más importante para el público meta. Este procedimiento ayuda a que coincidan sus necesidades y sus deseos y, de esta forma, sea más receptivo al mensaje. Esa es la razón por la que aquello que identificas como lo más importante, interesante o urgente tendrá que figurar ya en las primeras palabras de tu correo comercial o de tu boletín informativo, en tu asunto, en tu preencabezado y en tu encabezado. Tras esto, el resto de información se sucederá de forma lógica para dar detalles. Esta técnica de redacción se llama la pirámide inversa o el embudo.

La técnica de las 7C

Se trata de un método que sirve de ayuda para redactar documentos eficaces. Se adapta en especial a la redacción de datos para un boletín informativo. Así, tu escrito debe ser:

- **claro**. Organiza tus párrafos, utiliza las listas de viñetas, favorece el uso del imperativo;
- **conciso**. Apuesta por las frases cortas. Evita las subordinadas;
- **concreto**. Busca la precisión de las palabras para convencer al público meta;
- **correcto**. Comprueba las cifras, las fechas, la información que presentas;
- **coherente**. Tu redacción está relacionada con la imagen de marca de la empresa, con la identidad visual y con el público meta;
- **completo**. El soporte debe ofrecer las respuestas a las 5W;
- **cortés**. Escoge el registro de lengua adaptado al público meta. Encuentra el equilibrio entre empatía y presteza.

La redacción AIDA

Si tienes que redactar un correo comercial, las palabras valen oro, ya que el espacio es extremadamente limitado. Otra limitación: las palabras deben establecer un diálogo con las imágenes sin crear redundancia. El método AIDA permite crear mensajes sintéticos reajustándolos sobre su objetivo. Tú eres quien debe determinar si las imágenes o las palabras serán las más eficaces para:

- **Atraer** al cliente;
- despertar su **Interés**;
- activar su **Deseo**;
- y, para acabar, animarlo a **Actuar**. A menudo, este último punto es dominio exclusivo del *call to action* («llamada a la acción», CTA por sus siglas en inglés), el botón que hay que pulsar para ir más allá.

Un diseño estructurado

Diseño *vintage*, líneas depuradas, colores llamativos… Cada periodo se ve marcado por el uso de códigos estéticos específicos entre los que tendrás que avanzar. Independientemente de lo que elijas, te presentamos tres tendencias que siempre están de actualidad:

- *less is more*. La fórmula anglosajona puede traducirse por «menos es más». Si sobrecargas tu correo comercial o tu boletín informativo, el internauta no sabe qué mensaje quieres transmitirle ni qué acción debe llevar a cabo;
- *don't make me think*. Se trata del título del libro del autor estadounidense Steve Krug, que trata sobre el diseño de las páginas de un sitio web. Su dogma es el siguiente: el internauta debe encontrarse con una interfaz que le evite tener que pensar. Ten en cuenta esto a la hora de elaborar tu correo comercial y tu boletín informativo. Facilítale la vida a tu público meta;
- **la línea de flotación**. Esta famosa línea es el límite por debajo del cual el internauta solo ve el contenido si desliza el texto en su pantalla. Si sitúas información bajo esta frontera, la sacrificas, ya que los internautas, que en su mayoría tienen prisa, no suelen ir más allá de lo que es directamente accesible en sus pantallas.

- Ten como objetivo cero fallos con la técnica de las 3F: una relectura para la forma, una para el fondo y una última para las faltas.
- Las palabras mágicas que fomentan el clic son: los verbos de acción, los pronombres interrogativos «por qué» y «cómo», y las palabras con connotación positiva como «experto, boca a boca, lista, colección, consejos, trucos, instruido, útil, sabio, ágil, astuto, talentoso, tráfico, acceso, garantía, perspectiva, plan, ganancia, competencia, visibilidad, dispositivo, éxito, logro».
- Incitar demasiado puede jugar en tu contra. Simplemente, muéstrate caluroso y formula promesas que podrás mantener.

CONCILIAR LEY, INFORMACIÓN Y VENTAS

Antes de enviar una comunicación por correo electrónico, debes obtener la autorización de recepción del futuro abonado.

Con respecto al correo comercial, tanto en Bélgica como en Francia, la ley sobre el comercio electrónico admite que el cliente puede recibir correos comerciales si se ha obtenido su dirección electrónica a través de la compra de un producto. Entonces, la empresa recibe la autorización para informar acerca de todos los productos que ofrece. No obstante, cuando recopila la dirección, tiene que indicar a su cliente que puede negarse a recibir publicidad en el futuro. Se habla entonces de *opt-out* o de darse de baja. La empresa no está autorizada a utilizar la publicidad directa si el cliente ha mostrado su desacuerdo ante esta práctica comercial.

Para el boletín informativo, la página web debe disponer de un formulario de suscripción. Este permite recoger la autorización de los abonados, que comunican su dirección por voluntad propia. Es lo que se llama el *opt-in* o darse de alta. Existen dos formas de *opt-in*:

• simple. El internauta comunica su correo electrónico a través del formulario de inscripción. También pueden indicarse datos como su nombre, su apellido y su localización geográfica. Son útiles para segmentar la base de datos de correos electrónicos en distintos públicos meta posibles;

• doble. El internauta comunica su dirección electrónica y recibe un correo donde se le pide que confirme su suscripción y su dirección haciendo clic en un enlace de vuelta.

Para cancelar la suscripción

El boletín informativo debe contener obligatoriamente un enlace para cancelar la suscripción. Está situado en el pie de página —nunca en el encabezado, ya que no debe ser accesible inmediatamente— y evita que el envío sea considerado correo no deseado, ya que deja al internauta la libertad de elegir.

Con respecto al correo comercial, se aconseja ofrecer al internauta que haga clic en un enlace situado en el pie de página, que le permite determinar que ya no desea recibir esas ofertas comerciales.

Una vez que has obtenido la autorización, el objetivo es que la campaña de publicidad directa sea lo más atractiva posible para despertar el compromiso del internauta. Por lo tanto, tendrán una importancia vital los primeros elementos que aparecerán ante sus ojos, sobre todo para tranquilizarlo en cuanto a la honestidad de tu mensaje.

Para el envío de la campaña, empieza por utilizar una dirección de correo electrónico que contenga el nombre de tu empresa o de tu marca. Para un vínculo más personal, también puedes incluir un nombre masculino o femenino (por ejemplo, marie.dupont@chanel.fr). A continuación, centra tu atención en la elaboración de cinco puntos cruciales y complementarios.

- **El asunto del correo electrónico**: inteligible, compuesto por treinta caracteres. En él se anuncia la oferta. Gracias al trabajo que se lleva a cabo sobre la segmentación de los públicos meta, se puede elaborar un asunto personalizado con el nombre, el lugar de residencia o las actividades favoritas del internauta. No centres tu mensaje en las características del producto, sino en la ventaja para el cliente.
  - Si vendes muebles, no te quedes en el hecho de que son de pino auténtico; lo que cuenta es anunciar que la claridad de esta madera

ilumina la habitación.

○ Tendrás que actuar de la misma manera para un régimen: poco le importa al cliente que el método propuesto sea innovador. Se quedará con que puede perder 10 kilos en 3 meses con un índice de éxito de casi el 100 %.

Juega con las emociones de tu público meta y no dudes en usar el adverbio interrogativo «Cómo» (por ejemplo, «Cómo perder 10 kilos en 3 meses»), una de las consultas que más efectúan los internautas en un motor de búsqueda. La necesidad de protección, los sueños, las ganas de evasión y la necesidad de ahorrar son muchos de los argumentos afectivos que pueden tener su efecto en lo que ocupa o preocupa al receptor y, por lo tanto, pueden despertar su atención.

- **El preencabezado**: está asociado a un asunto redactado de forma eficaz y es tu segunda oportunidad para formular un argumento convincente. Esta primera frase, que aparece en el buzón de entrada justo después del asunto del correo electrónico, tiene una extensión variable. Si el cliente consulta el correo desde un *smartphone* en modo retrato, serán visibles treinta caracteres del preencabezado. Esta cifra se duplica si lo consulta en modo apaisado.

Céntrate en el uso del imperativo y utiliza cifras clave para incitar a que el internauta abra tu envío.

- **El encabezado**: se trata de la parte superior de tu correo comercial o de tu boletín informativo. Retoma los elementos de tu identidad corporativa, como el nombre de la empresa y/o del producto, el eslogan, el logo, los colores y la tipografía. El encabezado también puede incluir un enlace espejo como «Si no puedes visualizar correctamente este mensaje, haz clic aquí». Este enlace gestiona el contenido del correo electrónico como página web y permite restituir todos los elementos gráficos que a veces cargan a duras penas en el cuerpo del mensaje.

<u>Pequeño plus</u>

Evita dar la misma información en el asunto, en el preencabezado y en el encabezado. Cada una de estas partes te permite presentar las ventajas para el cliente y la oferta.

- **Los CTA**: estos botones que incitan al acto son auténticas pasarelas entre la estrategia de márquetin y el internauta. Fomentan que este último pase a la acción de compra o a consultar tu página web. Por razones de armonización y de coherencia, tendrás que utilizar el color del logo para los CTA.

No te limites a simples enlaces hipertextuales y opta por botones que llamen la atención y que sean relativamente grandes para que el internauta que navega desde su móvil o desde su tableta pueda hacer clic en ellos con el dedo. Para acabar, adapta el texto del CTA a la acción deseada. Destierra las frases de siempre como «Haz clic aquí» o «Para saber más» y personaliza los botones teniendo en cuenta el sector de actividad de la empresa. Inspírate en el campo léxico y en las expresiones clave de este sector. Así, al final del boletín informativo de una compañía aérea, el CTA puede incluir la mención: «Despega» o «Haz las maletas». Si representas una marca a la que le gusta la originalidad, puedes utilizar frases o expresiones «generacionales» como «Join the party» para invitar a que los internautas se abonen a tus servicios. Para el boletín informativo de una tienda de moda, podrías utilizar «Puntadas con hilo» en el CTA para incitar a los internautas a que acudan a la página web para descubrir la nueva colección.

- **Los elementos de reaseguro**: su función es ofrecer confianza al internauta. Aparecen en la parte inferior o pie de página. Están compuestos por un enlace para cancelar la suscripción para el boletín informativo o por la posibilidad de negarse a recibir correos comerciales, por los avisos legales de la empresa, como la razón social y su número de teléfono, y por iconos que destacan la reputación profesional de la empresa:

- condiciones de pago;
- condiciones de reembolso;
- condiciones de entrega;
- condiciones de devolución;
- índice de satisfacción y testimonios de clientes;
- elementos significativos del valor añadido de la empresa: consejero personal, garantía, sello de calidad, recompensas, socios;
- redes sociales;
- eventualmente, una etiqueta de Twitter creada por la marca para la campaña promocional.

MEDIR LOS IMPACTOS

Es fundamental que compruebes las estadísticas para determinar el éxito o el fracaso de tu campaña de márquetin. El análisis de los resultados permite afinar la puntería para llevar a cabo cualquier otra acción futura.

Análisis de los resultados de un correo comercial

Se estima que los internautas reaccionan al envío de un correo promocional en los dos o tres días posteriores.

- **Tasa de entrega**: indica cuántos correos electrónicos se han entregado en concreto. No cuenta las direcciones mal redactadas u obsoletas y las que han metido tu envío en la carpeta de correo no deseado.

  Si la tasa de entrega es baja: hay que limpiar la base de datos e investigar la razón por la que los filtros *antispam* te han catalogado como correo no deseado. Si tu base de datos está bien elaborada y si juegas la carta de la transparencia con los internautas, el índice de entrega debe estar entre el 80 y el 95 %.

- **Tasa de apertura**: tu correo ha llegado, ¿pero el internauta ha hecho clic para abrirlo? Este índice te da la respuesta. Algunos programas de ayuda para la creación y el envío de correos comerciales también indican quién ha abierto el mensaje exactamente. De media, el índice de lectura de los correos comerciales en el mundo es del 50 %. Cuando alcanza entre el 20 y el 40 %, se considera un buen resultado, dependiendo del sector de actividad y de la localización geográfica.

Si la tasa de apertura es baja: mejora tu presentación en cuanto a la dirección desde la que envías el mensaje, al asunto y al preencabezado.

- **Tasa de clic**: dentro de tu correo electrónico, has colocado un botón CTA para que el internauta pase a la acción; este índice te indica qué internautas han dado el paso.

  Si la tasa de clic es baja: mejora la oferta comercial, su presentación y la posición y el aspecto visual del CTA.

- **Tasa de conversión o ROI (*Return on Investment*)**: mide el número de internautas que han pasado del correo electrónico a la compra. Se trata del momento de la verdad. En función de los objetivos cuantificados, fijados durante la elaboración de la estrategia de márquetin, y de la inversión que ha autorizado la empresa para poner en marcha la campaña de correo comercial, ¿los internautas invitados han comprado? En caso afirmativo, ¿cuáles son los beneficios?

  Si el ROI es bajo: aun así, pueden alcanzarse el volumen de negocios, que presenta el beneficio total de la acción comercial iniciada. Pero esto significa que los internautas no se han sumado a la campaña de correo comercial. Directamente, han comprado el producto en línea en la página web o en la tienda. En este caso, se debe llevar a cabo un análisis sobre lo acertado de la implementación de la campaña de correo comercial:

- calcula el número de internautas que han comprado en la tienda o en línea sin haber recibido la campaña de correo comercial;
- analiza las herramientas que el internauta ha utilizado para navegar: móvil, ordenador, tableta;
- pregúntate acerca de la segmentación del público meta y acerca de tus objetivos de venta;
- pide a una selección de internautas fieles que señalen los puntos fuertes y débiles de tu correo comercial.

Análisis de los resultados de un boletín informativo

Para analizar los resultados de un boletín informativo, hay que seguir fijándose en la tasa de entrega, en la tasa de apertura y en la tasa de clic. A ellos se añaden la tasa de suscripción y de cancelación de suscripciones y el tiempo de lectura. Aquí, el ROI cambia de nombre para convertirse en el ROA (*Return on Attention*).

- **La tasa de suscripción y de cancelación de suscripciones**: el primero es un índice de éxito; el segundo simboliza el fracaso.

  Si la tasa de cancelación de suscripciones es alta: debes revisar tu trabajo. Comprueba la frecuencia y la hora de envío, la línea editorial y la estética de tu boletín informativo.

- **El tiempo de lectura**: mide la media de tiempo que los internautas pasan leyendo el boletín informativo. No obstante, se trata de una suposición, ya que este indicador toma en cuenta el tiempo que el boletín informativo ha estado abierto. Eso sí, puede estar abierto sin que el internauta lo lea.

  Si el tiempo de lectura es bajo: pregúntate acerca de la cantidad de información, la jerarquía de tus contenidos y lo atractivo de tu maquetación.

- **Tasa de conversión o ROA (*Return on***

Attention): la tasa de conversión mide las acciones que el internauta inicia gracias al boletín informativo: suscripción, descarga, navegación por la página web de la empresa, visita de las páginas de la empresa en las redes sociales, etc. El ROA indica la progresión de la notoriedad digital de la empresa.

<u>Si el ROA es bajo</u>: que no te entre el miedo. La imagen de marca se construye a medida que se van enviando mensajes. Es más acertado que te concentres en la progresión de esta tasa en un periodo determinado. Presta atención igualmente a tus *landing pages* o páginas de aterrizaje, es decir, las páginas a las que llega el internauta cuando hace clic en los CTA. Deben ser impecables. Imagina que un internauta hace clic en tu boletín informativo y que llega a una página web con imágenes poco estéticas, un texto repleto de faltas de ortografía y un vídeo que no funciona. Es muy probable que pierda todo el interés por tu empresa.

LOS MEJORES CONSEJOS

- **Pon atención a los títulos**: un internauta tiene la costumbre de escanear un contenido que aparece en la pantalla. Por lo tanto, las primeras palabras que uses en los títulos son muy importantes para invitarlo a continuar con su lectura.
- **Añade enlaces**: incluso si el objetivo principal de tu envío no es vender un producto, puede canalizar tráfico hacia tu página web.
- **No seas misterioso** y presenta la empresa con claridad: si el internauta no está tranquilo, si no conoce la empresa que le envía ese correo de márquetin o ese boletín informativo, pierde confianza.
- **Apuesta por imágenes profesionales y elocuentes**: evita los bancos de imágenes gratuitos o de pago. A lo mejor el internauta ya ha visto esa foto en otras circunstancias y esto no es nada favorecedor para la reputación de tu empresa.
- **Apuesta por textos cortos** que tengan entre cien y doscientas palabras. Utiliza las listas

de viñetas para jerarquizar los elementos importantes. También puedes poner palabras en negrita para fomentar la lectura rápida y en diagonal. En el caso de un boletín informativo, estructúralo con subtítulos y cuadros de texto.

- **Diseña los elementos de reaseguro**: pago seguro, entrega, devolución, reembolso, presencia en las redes sociales. Unos iconos estilizados y gráficos dan una apariencia elegante a tu correo comercial o a tu boletín informativo.

- **Evita sobrecargar el diseño gráfico**: basta con dos o tres colores y con uno o dos tipos de letras. Los colores y los tipos de letras deben usarse en relación con la imagen de la marca, con el sector de actividad y con el tema del mensaje.

- **Apuesta por tipos de letras legibles**: elige los que dan sensación de espacio. Permite leer fácilmente las letras y los números. Guarda los tipos de letras creativos para las palabras clave o para un título.

- **No insertes demasiadas imágenes, GIF o vídeos**: si el tiempo de carga de tu mensaje es demasiado largo, es muy probable que el correo acabe directamente en la papelera.

PREGUNTAS FRECUENTES

¿CUÁL ES EL IMPACTO DE LAS REDES SOCIALES, DE LOS ENVÍOS MASIVOS Y DE LOS BOLETINES INFORMATIVOS?

Cada una de estas herramientas ofrece ventajas significativas. Lo que cuenta es apostar por la unión. Actualmente, el correo comercial y el boletín informativo tienen el privilegio de llegar directamente al buzón del internauta, mientras que las publicaciones, los tuits, los artículos o las publicidades de las redes sociales desaparecen en el flujo de un hilo de actualidad.

¿QUÉ ES UN TEST A/B?

El *A/B testing*, también llamado *split test*, consiste en comprobar dos versiones de tu correo comercial o de tu boletín informativo. El principio es sencillo: envías la versión A a una primera muestra de tu público meta y la versión B a un segundo grupo, lo que te permite después comparar las estadísticas e identificar cuál de las dos versiones obtiene mejores resultados.

Por lo general, el *split test* se lleva a cabo durante un periodo de tres a seis meses. Es la media necesaria de tiempo para identificar qué tipo de fórmula seduce a un público meta.

¿CON QUÉ FRECUENCIA DEBO PROGRAMAR UN ENVÍO MASIVO Y UN BOLETÍN INFORMATIVO?

El correo masivo es un envío puntual relacionado con una oferta comercial. El boletín informativo implica asiduidad. Las frecuencias que más gustan son la semanal y la mensual. No obstante, si la actividad de la empresa es baja, uno puede encaminarse hacia un boletín informativo trimestral.

¿PUEDO AUNAR EL ENVÍO MASIVO Y EL BOLETÍN INFORMATIVO EN UN ÚNICO CORREO ELECTRÓNICO?

Algunas empresas desarrollan fórmulas híbridas

que se sitúan entre el correo masivo y el boletín informativo. La primera parte garantiza la promoción de una oferta comercial. La segunda parte ofrece datos, consejos sobre la vida de la marca. Esta fórmula híbrida, que se califica como «mix and match», se inspira en el contenido de las páginas web que aúnan tienda en línea y contenido informativo.

¿CÓMO INCITO A QUE SE SUSCRI-BAN A UN BOLETÍN INFORMATIVO?

Coloca tu formulario de inscripción en todas las páginas de tu sitio web para que el internauta pueda suscribirse en cualquiera de las que se le aparezcan tras su búsqueda. Otra posibilidad consiste en programar la apertura de una ventana emergente que lleve un formulario de inscripción quince segundos después de que el internauta haya llegado a alguna de las páginas del sitio.

También se recomienda aprovechar el proceso de creación de una cuenta de cliente para proponer una suscripción al boletín informativo. Puedes añadir la mención «avisa a un amigo» para estimular la viralidad.

Para acabar, programa un correo automático de bienvenida una vez que se haya completado la inscripción. Siempre se agradece esta muestra de educación.

¿PARA QUÉ CREAR BOLETINES INFORMATIVOS TEMÁTICOS?

Cuando la actividad de la empresa es intensa y/o está diversificada, elabora boletines informativos temáticos. Así, una empresa como Chanel puede proponer un boletín informativo sobre la moda, un segundo sobre los cosméticos y un tercero sobre los perfumes para enviar a sus abonados solo el contenido que les interesa directamente.

¿QUÉ DÍA Y A QUÉ HORA DEBO ENVIAR MI PUBLICIDAD DIRECTA?

Los días y las horas más comúnmente citados son: los martes y los jueves entre las 10:00 y las 14:00 para el B2B y entre las 18:00 y las 22:00 para el B2C. Pero el horario ideal de recepción depende de la naturaleza de los productos o del sector de actividad. Las estadísticas relacionadas con la tasa de apertura de tu envío son indicadores valiosos para determinar el día y la hora más adaptados.

Actualmente, la tecnología también propone nuevos parámetros para publicar la campaña de correo masivo o el boletín informativo en función del tiempo o de la localización del público meta, por ejemplo. Es lo que se llama el márquetin ágil.

¿QUÉ PALABRAS DEBO PROHIBIR PARA EVITAR ACABAR COMO CORREO NO DESEADO?

Existen listas completas de palabras que hay que evitar o que, por lo menos, hay que emplear con moderación. Entre los errores más frecuentes, encontramos el uso de palabras como: cupón, compra, ganga, excepcional, cash, venta particular, 100 %, gratis, reembolso, precio insuperable, urgente, enhorabuena.

Huye de los símbolos monetarios como «$» o «€» y los puntos de exclamación. No abuses tampoco de los caracteres especiales, como las estrellas o los corazones en el asunto de tus correos.

¿CÓMO FUNCIONA UN FILTRO CONTRA EL CORREO NO DESEADO?

El *spam* o correo no deseado simboliza las comunicaciones masivas por correo electrónico que el internauta no ha solicitado, ya sean intentos de ciberestafa o publicidad.

Los proveedores de acceso a internet, los operadores de telefonía, los servicios de mensajería y los departamentos de informática de las empresas luchan contra esta práctica a través de la implementación de un sistema de filtro de los correos electrónicos. Los mensajes recibidos se almacenan en el servidor y son revisados por un filtro antes de transmitirse a su destinatario.

Entre otros parámetros, el filtro *antispam* controla la tasa de error en las direcciones, las reacciones de los destinatarios, la reputación del emisor, el contenido del mensaje y la pureza del código. Una vez que se ha efectuado el análisis, el correo masivo puede entregarse al destinatario como correo electrónico, publicidad o correo no deseado o, simplemente, puede ser bloqueado.

¡AHORA ES TU TURNO!

EL ENVÍO MASIVO

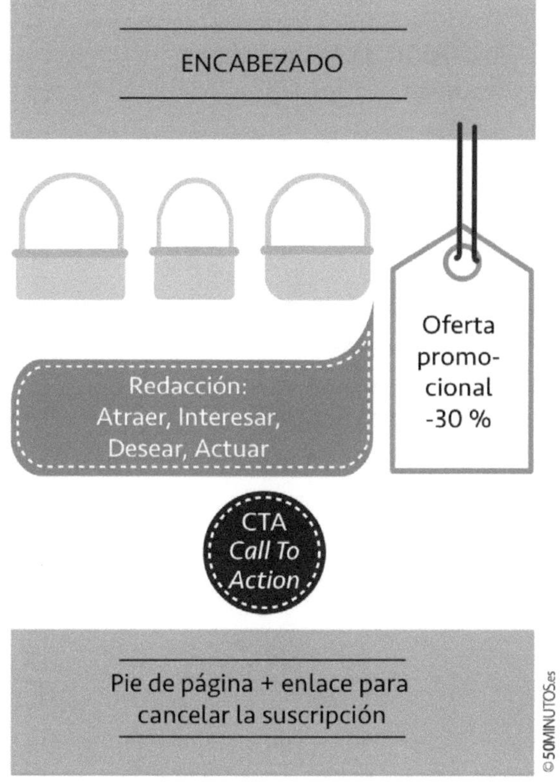

Trucos para el envío masivo

1. **Una oferta promocional**
Una imagen y una cifra atractiva

2. **Precisión de las palabras**
Apuesta por las frases nominales y los eslóganes

3. **Redacción AIDA**
Atención, interés, deseo y acción

4. **CTA – *Call To Action***
El botón para estimular el paso al acto

5. **Lectura en dispositivo móvil**
Tu correo masivo responde al diseño adaptable

EL BOLETÍN INFORMATIVO

Trucos para el boletín informativo

1 **Exclusividad e intimidad**
Para atraer y fidelizar

2 **Información útil**
Reportaje, retratos, consejos, tutoriales, intercambio de experiencias

3 **Redacción periodística**
Técnicas 5W y 7C

4 ***Opt-in*, *opt-out* y reputación digital**
Formulario de inscripción, enlace para cancelar la suscripción, redes sociales

5 **Lectura en dispositivo móvil**
El boletín informativo responde al diseño adaptable
Cuidado con los tiempos de carga

¡Tu opinión nos interesa!
¡Deja un comentario en la página web de tu librería en línea,
y comparte tus favoritos en las redes sociales!

PARA IR MÁS ALLÁ

FUENTES BIBLIOGRÁFICAS

- Boucher, Amélie. 2015. *Expérience Utilisateur mobile. Ux design pour smartphones et tablettes.* París: Eyrolles.

- Fleureau, Guillaume. 2013. *L'emailing efficace.* París: Eyrolles.

- Fournout, Vincent, Guillaume Le Friant y Jean-Michel Hazera. 2014. *Email marketing, newsletter, Smart data, SMS, réseaux sociaux*, 2.ª edición. París: Maxima Laurent du Mesnil Éditeur.

- Hochberg, Juliette. 2016. "6 choses à savoir Avant de s'inscrire à un voyage 'Digital Detox'". *Le Figaro.* 24 de marzo. Consultado el 28 de septiembre de 2017. http://www.lefigaro.fr/voya-ges/2016/03/24/30003-20160324ARTFIG00216-6-choses-a-savoir-avant-de-s-inscrire-a-un-voyage-digital-detox.php

- Krug, Steve. 2013. *Don't Make me Think. A Common Sense Approach to Web Usability*, 3.ª edición. s.l.: Pearson.

- Régimont, Bénédicte. 2012. *Rédiger une newsletter efficace.* París: Félicie Le Dragon.

- Rogers, Marc. 2014. "Trop de Big Data tue le Big

Data, bievenue dans l'ère du Smart Data". *Journal du Net*. 24 de julio. Consultado el 28 de septiembre de 2017. http://www.journaldunet.com/solutions/expert/58084/trop-de-big-data--tue-le-big-data--bienvenue-dans-l-ere-du-smart-data.shtml

- Santa Maria, Jason. 2015. *Typographie Web.* París: Eyrolles.

- Walter, Aaron. 2011. *Le Design émotionnel.* París: Eyrolles.

FUENTES COMPLEMENTARIAS

- Blog Sarbacane, "Emailing, tous les chiffres clés et statistiques à connaître absolument", 2016. Consultado el 28 de septiembre de 2017. http://blog.sarbacane.com/2016/04/06/statistiques-emailing-2015-2016/

50MINUTOS.es
Historia
Economía y empresa
Coaching
Book Review
Salud y bienestar
Arte y literatura
EL DIAGRAMA DE ISHIKAWA
LA GUERRA DE PALESTINA DE 1948
DOMINA EL ARTE DEL NETWORKING
¡APRENDER NUNCA ANTES FUE TAN RÁPIDO!
www.50minutos.es

ISBN ebook: 9782808003353

ISBN papel: 9782808003360

Depósito legal: D/2017/12603/698

Libro realizado por Primento, *el socio digital de los editores*